그곳에는 달그락이 산다

그곳에는 달그락이 산다

권경애

현대시학시인선 152

※ 시인의 말

아름다운 세상은 언제 와요, 엄마?

2025년 1월

권경애

차례

: 시인의 말

1부 이건 비밀인데

북향	12
벚꽃 우산	13
기린 그림	14
바닥을 위하여	16
쉿	18
마리 오네트	20
그곳에는 달그락이 산다	22
지울 수 없는 사랑	24
토끼잠	26
맞아요, 약쟁이	27
슬픈 영화	28
어쩌면	30
당신과 함께 춤을	32
번뇌	33
낙원상가	34

2부 빛나는 그늘

죽은 시인의 사회	38
그리운 에덴	40
하모니	41
장마	42
메리 크리스마스	43
하트하트 오케스트라	44
그 새	45
그는 베네치아에 산다	46
날개	48
민달팽이	50
모자 따로 극장 ― 극과 극	51
장미는 무엇으로 만들어지나	52
흙, 흑	54
플라스틱 플라워	55
빛나는 그늘	56

3부 희망떡방앗간

죽령	60
고등어	62
껍질·1	63
껍질·2	64
빗물, 홀쩍이는	65
백중사리	66
영광굴비	68
해묵은 우표	69
봄 봄	70
AI	72
옛	73
희망떡방앗간	74
나는 잘 있어요	75
한 잔 더	76
젊은 여자	78

4부 꿈에라도

동검도 82
기도 84
눈사람 85
분리수거장에서 86
동백꽃 87
캑캑 88
이 풍진 세상을 만났으니 90
벌레를 위하여 91
노루귀 92
꿈에라도 93
힘을 주다 94
페이지를 찾을 수 없습니다 96
소낙비 소낙비 98
언젠가 99
올라가기와 내려가기 100

: 나의 시, 나의 길
굴렁쇠를 굴리는 아이처럼 | 권경애

1부

이건 비밀인데

북향

씨앗은 어둠이 싹을 틔우고

꽃은 설움이 피어난 것이라지

슬픔이 날갯짓해 꽃의 어깨에 닿을 때

눈물은 둥글게 말려 드디어 열매로 완성된다네.

상강 지나 동지 무렵

더 어두워지려고

북향하다

벚꽃 우산

집으로 들어오는 벚나무 한 그루

퇴근길 갑자기 내린 소나기에
비닐우산을 사서 쓰고 온 아이

우산 위 어지러운 벚꽃잎 무늬
만개한 벚꽃 길을 지나왔다는데

만개한 눈부심이 만 개의 어지러움으로
바뀌는 건 시간문제라고 생중계하는 듯

생생하게 비춰주는 벚꽃 우산 속에
만개한 나의 한때는 재생되지 않네

어둠이 세상을 차지한 늦은 저녁

기린 그림

모가지가 길어도 슬프지 않아
기린은

기린이 별을 따는 데 제일이란 건
나만 아는 비밀

사바나로 가야지
기린 만나러

기린을 타고 나는야 야호!
별 따러 간다네

별을 따서 당신께 드리리라
오해 마시라 호옷,

내 마음에

바칠 거네

갓 따낸 따스한 별로
해묵은 멍 지울 거야

핏빛이 파랑에서 노랑이 되고
프리지어가 필 때까지

내가 그린 기린을 타고
나는야 별 따러 간다네

바닥을 위하여

이토록 심하게 울렁대는 바다 지나면
더는 내려갈 수 없는 바닥에 이를까?

자세를 더 낮추고 눈을 더 크게 치뜨고
바닥 모를 바다 한가운데 떠 있는 시간

아직은 닻을 내리지 말고
기다림의 끈도 놓지 말고

흔들리고 흔들리다 더는 안 흔들리는 목어가 될까
밀리고 밀리다 저도 모르게 밀려가는 파도가 될까

돌고 돌아도 마루가 안 나오는 굽잇길
울고 울어도 바닥이 보이지 않는 심연

울음으로 바닥을 칠 수 있다면

석 달 열흘이라도 거뜬히 울지

끝없이 출렁이는 바다처럼
뒤척이는 일생을 생각한다

숱한 그리움을 심고 기르는 일에 대해
혼자 묻고 답하는 어지러운 꿈에 대해

쉿

웃음은 거짓이고

눈물도 진짜가 아니에요

헐렁한 옷으로 가린 마음도 마찬가지죠

진실은 어디에 있을까요

커다란 단추를 열면

심장이 보일까요

어둠이 쏟아질까요

슬픈 연극처럼

아픈 사랑도 아름다울까요

그대 기다리며

아슬아슬 허공을 걷는 나를

사람들은 피에로라 부르죠

아 아 아 노래를 부를게요

박수 대신 꽃 한 송이 던져 주세요

그 향기로 하루만 더 살게요

안녕 내 사랑

이건 비밀인데요

진실은 어디에도 없답니다

쉿!

마리 오네트

목소리를 잃었답니다

그렇다고 인어공주는 아니에요 참한 딸 어진 아내, 천생 여자라는 줄에 매달려 살았죠 줄이 끄는 대로 웃음 짓고 음식 만들고 화분에 물을 주었답니다

이름이 있었는지도 가물가물하다는데요

페르세우스 유성우가 쏟아지고

슈퍼 블루문이 다가오던 어느 날 밤

꽃과 나무와 짐승들이 함께

달빛 아래서 춤을 출 때

줄을 끊고 훨훨

그리운 나라로 돌아갔다네요

마리오네트를 벗고 비로소

마리 오네트가 되었다는군요

사족 하나,
오늘 아침 찬드라얀 3호가 달의 남극에 발을 디뎠다네요!

그곳에는 달그락이 산다

비밀연애 하듯
숨어들던 곳
낮은 천장이 주는
아늑함, 어둠처럼
모든 치욕과 설움을
덮어주었지.
내가 짓는 한숨
내가 쏟는 눈물
숨겨주었지.
어디에도 스며들지 못하고
덜컹거리던 때
내가 나를 안고
아득해하던,
이제는 헤어진 연인처럼
머나먼 그곳.
내가 두고 온 것들

돌멩이처럼 단단해져

달그락달그락

여태도 나지막이 소리 나는 곳

다락은

달그락에서 왔는지도 몰라.

지울 수 없는 사랑

사랑은 연필로 쓰라 해서
연필 하나 샀네
예쁘게 깎고 조심조심 끝을 다듬어
너를 사랑한다고 쓰다

아, 그만 부러지고 말았네
다시 깎아도
부러진 사랑, 자꾸 접질리는
발목으로 어딜 갈 수 있을까

너에게로 가는 길
동강 난 연필심처럼
서성이듯 드문드문 날리는 눈발 맞으며
절룩절룩 돌아서고 말았네

사랑을 연필로 쓰면 지우기 쉽다지만

쓰지도 못한

내 사랑

지울 수도 없네.

• 전영록 노래 〈사랑은 연필로 쓰세요〉에서 발상.

토끼잠

있는 힘을 다해 달아나다
커다란 손이 덮치려는 순간
으악 다급하게 소리치다 깼다
내가 이제 토끼가 되었구나
가도 가도 내리막
시커먼 손아귀에 잡히지 않으려고
발버둥 치다 깬 한밤중

귀가 잘 있나 만져보고
(휴, 다행이다)

토끼보다 더 빠르게 달아나는
잠의 발꿈치를 잡으려다 놓치고
언제나 캄캄한 내 이름도 놓치고
허공만 더듬더듬 더듬다가
빨갛게 달아오른 눈에
인공눈물 한 방울

맞아요, 약쟁이

 현관문이 울어요 약을 갈아 달래요 제때 안 해주면 문을 잠근다는 협박이죠 심심해서 티비를 켰는데 답이 없네요 이런, 리모컨 약이 다 되었나 봐요 속이 답답해요 밥 먹은 뒤 소화제를 또 깜빡했네요 얼굴이 화끈거려요 이것도 약으로 해결하죠

 약통은 찬장에 있어요 일용할 양식이거든요 하루 세 끼 꼬박꼬박 알맞게 먹어야 하죠 약이 없는 세상은 상상할 수 없어요 약으로 먹고 약으로 걷고 약으로 보고 심지어 약으로 자고… 가끔은 그 모든 걸 끊으려 할 때도 필요하죠 아예 문을 닫는 거요 어쨌든

 약이 떨어질까 불안해요 몇 달 치씩 쟁여 놓아야 안심이에요 얼마나 남았는지 늘 확인해요 별처럼 아니 벌처럼 자꾸 깜빡깜빡하거든요 저 혹시… 약쟁이?

슬픈 영화

불이 꺼지면
단단히 묶였던 마음이 풀린다

내가 살지 않은 세상을
볼 수도 있단 기대에
눈물 날지도 몰라

방심이 불러오는 그것은
오래 묵은 슬픔의 둑이 터지는 것
축축한 일상의 무게를 덜어내는 것

영화는 생각보다 짧아
불이 켜지면

밖은 그대로 번드르르
나는 다시 컴컴한 장막 속

방심하지 말라는 빨간불이 들어온다.

슬픈 영화는 눈물 짜내는
완벽한 구조로 끝나지만 언제나

홀로 감상하는 어설픈 나의 영화榮華는
여전히 상영 중

어쩌면

잉글리시 호른은 목관악기다.
호른이니까 금관악기 같지만
오보에에 더 가깝다.
오보에의 낮은 음역을 맡는 악기,
그러니까 잉글리시 오보에라 해야 맞지만
잉글리시도 아니다 영국하고는 아무 상관도 없다.

신성로마제국은 신성하지도 않고 로마도 아니다.*
옛날 독일 국가 원수가 황제 칭호를 가졌을 때
고대 로마제국의 부활을 꿈꾸며 붙인 이름일 뿐

개구리밥은 개구리의 먹이가 아니다.
올챙이가 먹는다.
그러니까 올챙이밥이 더 어울린다.

나도 어쩌면

새나 바람,

구름이나 강물일지도

얏호!

• 신성로마제국은 신성하지도 않고 로마와 상관도 없으며 제국도 아니다.
  ― 볼테르

당신과 함께 춤을

　벚나무 아래 꽃비 내립니다 활짝 펼친 치마에 가득 담았습니다

　우리 같이 꽃밥 먹어요 한 움큼 떠서 입술에 닿는 감촉을 느껴 보아요 입 안에서 속삭이는 달콤함을

　오늘 저녁으로 충분하고도 남습니다 술이라도 담글까 봐요 흠흠~ 연분홍으로 익는 봄밤 몸속에서 수런대는 벚꽃잎에 달빛이 휘청입니다

　상상해 보아요 꽃들 다 지고 나면 당신에게도 날개가 돋을 걸요 그럼요 멀리멀리 날아갈 수 있고말고요 활짝 다시 피어나는 거예요

　벅찬 눈물 쏟아지듯 벚나무 아래 꽃비 꽃비가 내립니다

번뇌

천근만근 몸속

마음은 밖으로만 떠돌고

잠 속에서만 피는 꿈

타로점을 치며

그는 한숨을 쉰다

카드를 한 장씩 뒤집을 때마다,

집에 돌아와 누운 밤

한숨은 밤보다 깊어

카드 뒤집듯

자꾸만 뒤척이는데

패를 던져볼까 제대로

뒤집어져 볼까

온몸으로

타로점을 치는 밤

낙원상가

악기를 사려면

낙원상가로 가라네

지하철 타고 종로3가

낙원이 이리 가까이 있다니

북 기타 피아노 오카리나…

없는 악기가 없는 낙원

당신의 고운 목소리까지 거기 있다면

얼마나 더 가까운 낙원이 될까

최고의 악기는 인간의 목소리라니

(그곳에서 만나면 당신은 내 이름을 기억할까*)

여러 악기를 모아

밴드를 만들 수 있지만

그저 홀로 노래하고 싶네

기타 하나 달랑 어깨에 메고

라 라 라…

더 이상 눈물 없는 낙원에서*

* 기타리스트 에릭 클렙튼의 노래 〈Tears of heaven〉에서.

2부

빛나는 그늘

죽은 시인의 사회

재개발 현수막이 이리저리 펄럭이는
남양주 허름한 골목 안 식당

어떤 시인의 탄신 100주년 추모 행사 뒤
시인들 몇 둘러앉아 막걸릿잔을 기울이는데

누군가
여기 좋은 터에 집 지어 모여 살자더니
아니 그럴 게 아니라
나중에 함께 살게 납골당을 짓잔다
나무 심고 꽃 가꾸며
그동안 바빠 못 나눈 정
오순도순 나누며 살자고

아 죽었지 참, 아무튼!

깔깔깔 주거니 받거니 하며
이승과 저승의 사이가 좋았다

그믐달도
어지러운 지상으로
몸을 기울이는 늦은 밤

그리운 에덴

 어머니, 왜 그러셨어요 아버지 꼬여 죄를 짓게 하셨다죠 아버지, 어쩌려고 그러셨어요 덕분에 우리는 정처 없이 떠돌게 되었죠 그뿐인가요 하늘이 노래지는 출산의 고통을 얻었죠 살기 위해 힘겨운 노동을 멈출 수 없고요 그 정돈 약과예요 벌의 끝은 죽음이잖아요 에덴에서 천년만년 늙지도 병들지도 않고 살 수 있었는데요… 잘하셨어요 세상에, 죽지 않고 영원히 산다니 그것도 한 곳에서만, 아이 지루해, 먹고 노는 것도 하루 이틀이지 떠돌이가 된들, 출산과 양육과 노동의 신성함이라는 것도 알게 되었고 잘하셨어요 어머니, 아주 잘하셨어요 아버지, 이제는 그분 힘으로 영원히 살 수도 있으니 이 지옥과 천국을 오가는 롤러코스터의 드라마 같은 난민살이, 너무 매력적이지 않나요?

하모니

저물녘 도심 한복판
앉은뱅이 악사가 하모니카를 분다.

허공을 울리는 하모니카 소리
짤랑짤랑 안 들리는 동전 소리

밤 들도록 덩그러니 빈
모자에 어둠이 스미자

총총 눈뜨는
별들

장마
— 62병동

 온몸이 무릎인 사람들 나라에서는 무릎으로 말한다 무릎밖에 모르는 입으로 무릎의 말을 하고 무릎의 아픔을 무릅쓰며 일어서고 싶은 마음이 주룩주룩 무릎으로 내려온다

 온몸이 무릎인 사람들의 곁에는 늘 온몸이 손인 사람이 머물며 무릎으로 쏟아지는 빗물을 퍼내기도 한다 가끔 온몸이 발인 사람들도 드나들며 무릎의 이마를 짚어보고 창 없는 무릎의 창을 내다보기도 한다

 어제도
 오늘도
 내일도

 ……

 기나긴 우기의
 터널

메리 크리스마스

메리 크리스마스!

굴뚝을 들락거리는 산타클로스, 굴뚝 위에서 408일째* 노래 아닌 노래를 부르는 그들에게도 선물을 주시려나!

굴뚝 산업은 이미 기운 지 오래나 굴뚝은 여전하지. 산타가 아이들에게 꿈을 주고 그들이 벼랑 끝 생을 이어가는 한.

그러나 우리는 산타도 그들도 본 적이 없다. 보아도 보지 못한다. 산타는 너무 눈부시고 그들은 너무 아득해서

메리 크리스마스!
아, 허공에서 떠도는
메/리/크/리/스/마/스.

* 파인텍 노동자들은 노사협정을 준수하라며 목동 열병합발전소 굴뚝에서 농성한 지 426일 만에 내려왔다. 굴뚝 위 농성으로는 최장기, 408일째 되는 날은 크리스마스이브였다.

하트하트 오케스트라*

　장애물 경기는 물구덩이와 허들을 놓고 달리는 운동경기, 장애인은 그것을 몸에 달고 달리는 사람

　장애는 뛰어넘으라고 있는 것 아니, 장애를 넘어 노래하고 춤추는 것, 우주를 나는 것, 꽃과 나비, 해와 달이며, 당신이고 나라는 것

　하트는 손동작으로 날리는 게 아니라 노래처럼 가슴에 저절로 가닿는 것, 심장이 쿵 하여 내 심장과 당신의 심장이 달려 있음을 느끼게 하는 것, 박동 소리가 마음을 타고 흘러 하나로 이어지는 것

　* 발달장애 청소년 오케스트라

그 새

바람결에 얼핏 들려왔다.

쿵, 둔탁하고 짧은 낙하물 소리

그 앞을 지나다 보았다.

흐릿한 핏자국

이슬처럼 날아간 열아홉 어린 새

올려다본 23층 옥상,

절망은 저토록 아득한 봄날인데

고스란히 남아있는 희망의 바닥을

희고 붉은 꽃 몇 송이가 기리고 있구나.

그는 베네치아에 산다

그의 무대는 관광버스

멋진 테너를 꿈꾸며

노래 공부하러 왔다가

올리브 농장 일로 IMF를 견디던 그가

이탈리아 전문 관광 가이드가 되어

나폴리 로마 피렌체 베네치아를

신나게 돌아다닌다

한때는 부모 돈 잡아먹는 귀신

지금은 그 나라 역사 지리에 훤한 귀신

한때는 촉망받던 성악도

지금은 일등 가는 가이드

무대 대신 버스에서 마이크를 잡지만

리드미컬한 말투는 그대로 아리아고 레치타티보다

가끔은 카페 플로리안에서

비발디와 괴테가 그랬듯

악사들의 연주를 들으며

에스프레소 향에 취하다가

먼 데를 바라볼 때도 있지만

아내와 세 살배기 아들과

섬들로 만들어진 도시 베네치아에서

도란도란 이방인의 고단함을 달랜다

이탈리아에는 스칼라나 아레나만 있는 게 아니다

관객을 웃고 울리는 관광버스 극장도 있다

생생한 삶의 음률로 날마다

모노드라마를 만들어 내는,

날개

13살부터 좋아했죠. 아무도 없는 데서 부르다가 들키죠. 또 엄한 부모님은 뭣으로 나가려고! 많이도 혼났어요.

가수라는 말이 아직 쑥스러운 할머니의 노래 사랑은 아주 오래된 일.

돈벌이 꾐에 넘어가 두만강을 건넌 소녀. 해방되어도 가족 곁으로 돌아가지 못했다. 바윗덩이 모래알 같던 할머니의 시간.

숨이 막힐 때는 막 노래 불렀어요. 왜 젊어서는 괜히 남을 꼬집고 싶을 때가 있지. 그럴 땐 나도 모르게 노래가 나왔어요.

옥수수, 번데기 좌판까지 닥치는 대로 일하며 서른 홀몸에 입양한 아들을 키워낸 할머니가 치매로 깜빡깜빡하자

이웃들이 음반 녹음을 서둘렀다.

 한 많은 대동강아 변함없이 잘 있느냐… 평소 즐겨 부르던 열다섯 곡을 담은 음반, 그 이름은 '길원옥의 평화'.

 아흔 살 신인가수 길 할머니는 위안부 기림일 첫 콘서트 무대에 섰다.

 나비 한 마리 대동강을 건너간다 처음으로 활짝 날개를 펴고

민달팽이

어둠의 자식인가
아침이 와도 해를 볼 수 없어

반지하방에서 옥탑방
고시원에서 다시 반지하방으로

온몸으로
걸어왔지만

달팽이의 꿈은
당신처럼 멀다

더듬이를 뾰족 세우고
하늘의 별이나 따 볼까

쇠창살 막힌
쪽창 사이로

모자 따로 극장 — 극과 극*

 이 아무개 씨는 무기 계약직. 무기 만드는 회사 다닌다고 오해 마시라. 무기를 만드는 게 아니라 누군가 무기를 휘두르는 곳에 다니지. 무기 계약직은 계약 기간이 무기한이라 중간에 잘릴 일은 없다지. 그렇다고 축하하기는 좀 그렇네.

 정규직 같지만 비정규직에 더 가까워 중규직이라고도 한다네. 말하자면 이 무기 계약직은 이무기 계약직인 셈.

 이무기는 용이 되지 못한 뱀. 이 무기 계약직도 계약직이라는 꼬리 탓에 그냥 그대로 뱀. 도마뱀이면 꼬리라도 잘라 낼 텐데.

 뱀도 용도 아닌 아득한 디아스포라 이무기들의 앞날을 위해 건배!

* 비정규직 노동자들의 이야기를 담은 관객 참여형 연극

장미는 무엇으로 만들어지나

장미꽃 봉오리가
싹둑 잘려 나갔다.

안전문과 전동차
그 한 뼘 사이에서,

슬퍼할 틈도 없이
남은 것 겨우 추슬러

책갈피에 안전하게 끼워 두었는데
마르지 않고

붉은 물이 떨어진다
불안전한 마음속으로

뚝

뚝

뚝

(장미의 재료는 열아홉 비정규직 청년의 가방에서 나온 컵라면 나무젓가락 숟가락 볼펜 수첩 드라이버 마스크 장갑, 늘 쫓기는 시간이라는 소문이 있다.)

• 2016년 5월, 외주업체 직원 김모 군은 지하철 구의역 안전문을 혼자 수리하다가 전동차에 치여 숨졌다.

흙, 흑

화분 속 흙도
물만 먹곤 살 수 없지
(시인도 아닌데)
고등어 꼬리며 사과 껍질, 깻묵을 갈아 먹였더니
이듬해 그럴싸한 싹을 틔웠다.
방울토마토 고추 미나리…

하루 세 끼도 부족해
브라질너트 블루베리 아로니아…
좋다는 거 사방팔방 찾아 먹어도
(얼치기 시인이므로)
먹는 거 다 어디로 가는지 알 수 없고
밤새 낑낑거리며 틔운 봉오리 몇 송이
언제 시로 활짝 필지 말지 나도 궁금한

오, 흙흙
아, 흑흑

플라스틱 플라워

누군가 보낸

영원이라 꾸민 장미꽃

한 다발

살아 있는 건 뭐든 변하지

싹이 트고

꽃이 피고

열매 맺고

낙엽 지고

마침내 따뜻한 거름이 되지.

내게 날아온 장미꽃 한 다발

도무지 썩지 않을

아득한 사랑

한 줌.

빛나는 그늘

만져보고 들어보고 맡아보고 먹어보고 느껴도 보고…
뭐든 보아야 직성이 풀린다.
감각의 뿌리는
뭐니 뭐니 해도 시각이 으뜸?

선천성 녹내장으로 어릴 때 시각을 잃은
사진작가 김 씨
바람 소리를 들어보고 꽃향기를 맡아보고 풀잎을 만져보고
손등에 닿는 햇볕도 느껴 보고
온몸으로 본다.

세상을 만나는 자기 방식대로
카메라를 들고 한참 보던 그가
드디어 당신을 닮는다, 찰칵

착각은 사라지고

그의 품에서 환하게 빛나는

세상의 모든 그늘!

3부

희망떡방앗간

죽령

스님,
그 옛날
고개 넘기가 너무도 힘들어
짚고 가던 대나무 지팡이 바닥에 꽂아놓고
한참 쉬셨다고요?

이젠
터널이 뚫리고 철로가 생겼는데
넘어가기 힘든 건 마찬가지예요.
흩어진 가계 조각들이
마른 눈물로 고개를 넘으며
가파르게 살아내는
내 고향은
중앙선 완행열차로는
서울서 일곱 시간
길고 어두운 터널을 지나야 닿지요.

삶이라는 고개에선

어둠이 똬리를 틀고

불쑥불쑥 나타나지만

그러든 말든 나의 고향은

언제나 그리워

대나무 지팡이 하나 들고

툭툭 바닥을 치며

또 한 고개 넘어가고 싶어요!

스님,

고등어

간고등어로 이름난
안동 반가에서 태어나

어쩌다 한량 짝을 만난
우리 엄마

한평생 절고 절던
소금기 풀어내고

이젠 맘껏 헤엄치며
푸른 고등어로 살겠지

넘실넘실 춤추는
동해의 파도 타고

껍질·1

텅 빈 몸으로 엄마는
무릎 꿇고 기도드렸네

새벽마다 흘러나오는 낮은 목소리
먼동이 틀 때까지 집안을 맴돌았지

어느 한겨울 캄캄한 밤
기도는 얼음이 되었지만

한 줌 가루로 요약된
엄마 목소리는 여전히

모래알 세상에 웅크린
나를 양수처럼 감싸네

껍질·2

늦봄에 사서 먹다 남은 마늘
발코니 한구석에 놓아두었는데

겉보기에 멀쩡해
만져보니
풀썩,

속이 없다

아
엄마!

빗물, 훌쩍이는

학교가 파할 무렵 비가 오기 시작했다.
교문 앞은 우산 든 엄마들로 분주했다.

색색의 우산 틈으로 엄마의 얼굴이 얼핏 보였으나
못 본 척하고 얼른 새엄마의 우산 밑으로 들어갔다.

엄마의 우산이 잠시 흔들렸다. 흔들리는
빗물이 새엄마의 우산 위로 마구 떨어졌다.

엄마를 만나면 왜 안 되는지 알 수는 없었지만
몰래 엄마를 만난 동생의 멍든 종아리는 보았다.

비는 자꾸 내렸다. 그날부터
우산이란 우산은 다 망가뜨리고 싶었다.

말 잘 듣는 아이, 꿈에서도
어깨를 훌쩍이는 그 아이는

백중사리

화려한 연애도
훨훨 날아다니던 일도
지루해지셨나요, 농담하듯
꽁꽁 묶인 채 하늘 멀리 떠나시게요?

당신이 부려놓은 세상에
돌멩이처럼 던져졌습니다.

돌멩이는 사랑을 알지 못한다지요!
화려한 연애는 꿈속 이야기
풀지 못할 역사였지요.

숙제는 어렵고 자주 배가 고팠지만
무럭무럭 자라나 이제
서러운 방 한 칸 들였습니다.

불 끄고 누운 좁은 방안은
겨울 바닷가처럼 썰렁해도
마음속 해수면은 높아져서
당신과의 거리를 좁힙니다.

• 멕시코 노래 〈쿠쿠루쿠쿠 팔로마〉에서.

영광굴비

　명절 때면 굴비가 가마니로 들어왔다. 우리집 높은 담장도 모자라 이웃집 담벼락에까지 굴비가 널렸다.

　온 동네에 수상한 비린내가 진동했다.

　아버지는 알배기 굴비를 맛나게 드시고 이리저리 소문처럼 떠돌았다.

　영광과 치욕은 한 몸이라고 온 마을이 수군거렸다.

　어머니는 가마니로 들어온 시름을 발돋움하며 햇볕에 널어 말렸으나 평생 꾸덕꾸덕 마르지 않은 채 비린내는 끝내 가시지 않았다.

해묵은 우표

솔부엉이 박새 해오라기
서랍 속 오래된 우표에
박힌 새 그림들

금세라도
날아오를 듯

어디로도 날아가지 못한
박새야 솔부엉이야 해오라기야
내 가슴에서 푸드덕거리는 새야

머나먼 그에게 언제
데려다줄 거니

봄 봄

전화가 왔다

하얀 티티새처럼

높게 반짝이는 목소리

평생 싸우며 살던 남편

먼저 보내고 섧게 울던 그녀

한 표 부탁한단다

꼬옥, 꼭이야 꼭! 다짐을 받고서야

나를 놓아준다

봄날의 티티새처럼 그녀를

한껏 날아오르게 한 것이 무얼까?

무엇이 그녀를 노래하게 했을까?

궁금증은 하늘 높이 있는지

나도 한 옥타브 올라가

가벼워진다 피콜로처럼

티티새는 또 어디로 날아가

무거운 세상을 들어 올릴까?

그녀의 마음속 무수한 표처럼

벚꽃잎들 환장하게 흩날리는데

* 다마레의 피콜로와 피아노를 위한 곡

AI

맘에 꼭 맞는 애인

하나 만들어서 날마다 갖고 놀아야지

입춘 지나 귓가에 봄바람 스칠 때쯤

포플린 블라우스에 플레어스커트 받쳐 입고

심야 극장 가자 팔당에 드라이브 가자

복사꽃 흩날리는 강원도 산골이나

남해 푸른 섬으로 날아가자

꽃밥 먹고 파도 소리 마시며 유행처럼 한 달살이 해보자

잠 못 드는 밤이면 토닥토닥 자장가에

못 견디게 쓸쓸해지면 따뜻이 안아주고

이도 저도 귀찮을 땐 고요히 바라만 보자

그러다 그러다 싫증 나면 알아서 변신하는,

에이, 그런 게 어딨냐고?

아이, 참, 이미 왔다니까!

옛

옛 애인이여 잘 지내는지?

내가 누군가의 애인이었다니!

지금은 별 볼 일 없는 옛 애인, 옛 찐빵 옛 짜장은 맛이라도 있지

어떻게 말할까?

우연히 마주친 그의 배가 아프거나 가슴 쓰릴지도 몰라

뭐라 입술을 달싹였는데

나도 알아듣지는 못했다.

희망떡방앗간

술로 떡을 빚는 그 여자

피댓줄에 걸린 일생,
몸에 꽃물 들 때부터
울퉁불퉁 구르는 시간

곱게 빻아 막걸리와 섞는다
하루가 희망처럼 부풀어도
여자의 내일은 오지 않는다
딱 한 번 날아오른 적이 있긴 하다
피댓줄에 걸린 팔이 푸드덕,

푹푹 한숨 같은 김이 올라
여자의 이마에 눈물로 서리고
떡이 다 익어갈 즈음

그 남자, 술이 떡이 되어 들어오는

나는 잘 있어요

다시 먹구름이 몰려옵니다 창틀에 올려놓은 화분을 내려놓습니다
우기의 풍로초는 목이 길어져 자꾸 한쪽으로 기웁니다

비 그치면 바람 불고 가을은 가라앉아
겨울잠에 들겠지요

그곳은 어떤가요 눈물도 따뜻한가요 소식처럼 펄펄 눈이 내리나요

방에 들어와 빈자리에 가만히 손을 얹어 봅니다
몸 기우는 그곳, 마침내

화석처럼 빈손의 기억은 더욱 단단해지고
아무도 없는 이곳은 언제나 무사합니다

한 잔 더

 술 냄새가 진동하는 영화를 본다. 인간에게 부족한 혈중 알코올농도 0.05%를 유지하면 상상력이 높아지고 활력도 넘친다는 한 심리학자의 가설에 스스로 생체 실험을 하는 네 친구

 흐릿하던 눈빛이 반짝거린다. 굳었던 마음이 부드러워지고 몸은 가벼워진다. 가라앉은 일상이 솟아오르고 묶인 것들이 풀린다. 이 해방감이라니⋯ 한 잔 더, 더, 더!

 0.05%를 넘어 드디어 실험의 꼭대기. 한 친구가 바다로 들어가서 영영 돌아오지 않는다. 그 무엇으로도 없애지 못하는 마음속 얼룩은 끝끝내 지울 수 없다고 몸을 버린 것일까, 해방일까?

 나여, 해방? 아니 해방감이라도 한번? 취중에 글을 썼다던 헤밍웨이도, 늘 살짝 취해 신들린 듯 연주했다는 어떤 피아

니스트는 아니어도 오늘 저녁 한 잔, 어때?

* Another round: 영화 제목

젊은 여자

공원 벤치에서 스마트폰 게임에 빠진
두 소녀, 낯선 게임용어를 주고받다가

할아버지랑 젊은 여자가 어떻게 사겨?
사겨도 되지, 결혼은 못 해도.
돈이 많으면 사귀나?
글쎄.
난 그래두 할아버지랑은 사귀기 싫은데, 너는?
……

한참 저울질하는 젊은 여자에게
살짝 다가가 나이를 물어보았다.

11살요.
……

아차, 게임 이야기였나. 나는 계속 알아듣지 못하고 한여름 찜통 같은 무더위 속에 귀가를 서둘렀던

이제 막 새순 돋는 4월 초순 어느 날

*사겨: 사귀어

4부

꿈에라도

동검도

그 섬에는
노래하는 새가 산다네

산사나무 지나고
갈대숲 지나
파도 속에서
음표를 물어온다네

그 섬에는
가슴에 새를 키우는
피아니스트가 산다네

파도의 날갯짓으로
바다가 노래하듯이
새가 물어온 음표를
건반에 뿌리곤 하는데

그럴 때마다

일곱 평 작은 성당

스테인드글라스 너머로

뜨겁게 노을이 지고

밤이면 푸른 새 별이

꽃처럼 피어난다네

피아니스트 손에서

끊임없이 신선한 물고기가 쏟아지듯이*

* 전봉건 시 〈피아노〉에서.

기도

새벽 예배당
엎드려 기도하는 중년 남자
어깨와 등이 깊이 흔들린다

엎드리는 건
몸을 기울여
슬픔을 쏟아내는 일

여태 쉼 없이 걸어왔을 그도
가끔 넘어지기도 했을 것이다
멀리 달아날 때도 있었으리라

그래 그래도 괜찮다, 다 괜찮다
제 손 닿지 않는 등 어디쯤까지
쓱 닿을 수 있는 기도처럼

눈사람

그대의 동심에서 태어나
그대의 무심으로 버려져

따뜻한 봄날에
눈물로 떠나네

훨훨

떠돌다 떠돌다 지치면
천둥 번개를 잡아타고

그대의 창을 세차게 두드리리
그대 놀라 깨어서 내다보라고

분리수거장에서

이사를 앞두고
묵은 살림을 정리했다.
오래 쓰지 않은 것들
가지고 가면 짐만 되는 것들
버릴까 말까 망설이는 것들
단호하게 버렸다.
가져갈 거보다
버릴 게 더 많다.
책도 버리고
옷도 버리고
그릇도 버리고
버리고 버리다가
나도 버리고 싶었지만
나는 어디에 버려야 할지
분류하기가 마땅찮아
일단 보류하기로 했다.

동백꽃

지는 꽃으로는 피지 말자
지는 꽃으로는 피지 말자

너나없이 꽃단장 다투던
봄 여름 가을 다 지나도록
용케 지켜낸 다짐일지라도
겨울 앞에서는 어쩔 수 없으리

까닭 없이 너 돌아서는 날
내 심장 한 뭉텅이 꺼내 내동댕이치리라
시뻘건 피 피 피
목숨 끊어진 인연도 인연이라고

피를 토하며 바닥 치는
동백꽃 송이 송이들

캑캑

상찬賞讚하신다고요? 앗, 저는
상상도 못 했던 일입니다.

상찬上饌입니다. 구름 한 점 만들지 못해 먼지만 푸석거리는 제게는 꽃도 풀도 나지 않고 새들도 울지 않는 제게는
상찬常饌이 어울립니다. 그저 굶어 죽지 않을 만큼의, 아무리 책벌보다는
상찬賞讚이라지만 밤새 생각하고 또 생각하고, 아니
상식적으로도 제겐 전혀 어울리지 않아 정중히
상을 밀어내렵니다. 아직 한 술도 뜨지 않은, 그러나
상한 서푼짜리 자존심일지 자존감일지 그도 아닌 자만심일지 어쨌든
상처에 소금 뿌린 통증보다 깊디깊은

상상하기 힘든 쓰린 나날입니다만 혹시 이 또한 몸에 좋다는 쓴 약, 또 다른

상찬賞讚일까요. 그럼 얼른 목구멍으로 털어 넣겠습니다, 캑캑

이 풍진 세상을 만났으니

너에게 갈 것이다 문이란 문은 다 꼭꼭 닫아걸어도
너에게 스며들 것이다 옷이란 옷은 다 꼭꼭 여며도

기관지 지나 폐부 허파꽈리 깊숙이
동맥 정맥 거쳐 말단 실핏줄에까지

햇볕과 바람과 숲과 사막과 비를
만들고만들고만들고만들고만들어

더럽힐 것이다
끝끝내 사랑아

벌레를 위하여

자리가 사람을 만든다지만

숫자만 할까.

숫자 1이 자리에 따라

1백이 되고 1억도 된다.

그래도 최고는

먼지다듬이다.

벌레인데

책 속에 산다고 책벌레.

세종대왕 마오쩌둥 빌 게이츠 이덕무 손권 링컨 조조 니체 보르헤스…

와 동급이라니!

노루귀

온몸이 귀예요

귀로 보고
귀로 웃고
귀로 사랑해요

노을이 지면
벌판의 풀잎처럼
몸이 붉어져

오지 않을 그대의
발소리
귀 막고 듣곤 해요

꿈에라도

펭귄도 나도
날개가 있어도 날지 못한다
펭귄은 헤엄을 잘 치지만
나는 수영을 배우다가 말았지
가끔 하늘을 나는 꿈을 꾸었지만
요즘은 길 잃는 꿈만 꾼다

설악산에 첫얼음이 얼었다는 소식
지구 온난화로 살 곳이 줄어든
펭귄이 오면 좋겠다
남극에서 설악까지
헤엄쳐 오기엔 너무 멀까
날아서 오렴, 꿈에라도

힘을 주다

이를 뺐다
빈자리에 솜뭉치를 넣고
꽉 물고 있으란다

방심하면 안 된다
힘이 풀리면 한순간 피가 울컥 고이니까
그래도 번져 나오는 건
뱉지 말고 삼키란다

맞다 삼키는 게 상책이지
괜히 그에게 툭 뱉었다가
오래 앓았던 적이 있었지

힘이 풀릴 때마다
턱에 힘을 준다

힘을 빼야 부드러이 넘어간다지만
더러는 힘을 줘야 할 때도 있다
피가 고이듯 슬픔이 고일지 몰라
몸도 마음도 함부로
힘을 뺄 수 없을 때가 있다

페이지를 찾을 수 없습니다

나 돌아가지 못하네.

길이 없어
가도
가도

목만 타네
흙먼지 자욱한
허방길

눈이 없어지네
발이 없어지네
손 둘 데 없네

안녕, 안녕
빈손만 허공에 떠돌고

나는 돌아가지 못하네.

애초에도 없고

여태도 없는

집으로

소낙비 소낙비

   소낙비는 밥집이다 술집이다 꽃집이다 옷 가게고 마을 이름이다
   노래이고 울음이고 구름이다

   그니까 손수건, 일기장 또는 새나 나무
   그 무슨 이름인들 못 부를 것이 없었지

   너와 나,

   불안스레 반짝이던 물방울 같던 때
   우리는 서로를 지나갔지

   번개였고 천둥이었고 돌풍이었고 세찬 소낙비였다가
   이내 그쳤지

   비 갠 하늘이 너무 파래서 슬펐다
   일기장에 심어진 나무처럼 울었다

언젠가

자고 일어났는데
등이 아프다

등에 붙은
날개였다

한 번도 날지 못하고
단단히 접어두었던,

언젠가 꼭 한 번은
날아야지 않겠냐고

보내온
경고장!

올라가기와 내려가기

과태료 고지서가 날아왔다.
우회전 신호위반이란다.

우회전에 신호가 있나?
신호등이 있는 데도 있어!
우회전은 적당히 하면 되는 줄 알았는데?
보통 그렇지!
거봐 그냥 가도 되잖아?
꼭 그런 건 아니래두!
우회전 신호가 있는 줄 누가 알아?
그러니까 신호등을 잘 봐야지!
없는 걸 어떻게 봐?
가끔 있다니까!

계속 돈다
가도 가도 제자리, 끝끝내

• 에셔의 작품. 끝없이 오르내리기를 반복할 뿐 출구를 찾지 못하는 계단 그림.

※ 나의 시, 나의 길

굴렁쇠를 굴리는 아이처럼

권경애

즐거운 고통

 등단한 지 어느덧 25년, 잘 믿기지 않는다. 시 쓴답시고 이런저런 시집 속을 드나들며 꿈꾸던 때가 엊그제 같은데… 등단 10년, 20년 큰 매듭이 질 때마다 나는 어느 지점에 이른 시인일까, 스스로 물어보며 아쉬움에 자책할 때도 있었다. 나름대로 치열하게 고민하는 창작열에 걸맞은 작품으로 풀어내기 어려우니 백지의 공포감 아니, 모니터에서 깜빡이는 커서의 공포에 휩싸일 때가 적지 않았다. 나는 어쩌다 시인이라는 굴레를 쓰고 이런 고통을 자초했는가?

 집으로 들어오는 벚나무 한 그루

 퇴근길 갑자기 내린 소나기에
 비닐우산을 사서 쓰고 온 아이

우산 위 어지러운 벚꽃잎 무늬
　　만개한 벚꽃 길을 지나왔다는데

　　만개한 눈부심이 만 개의 어지러움으로
　　바뀌는 건 시간문제라고 생중계하는 듯

　　생생하게 비춰주는 벚꽃 우산 속에
　　만개한 나의 한때는 재생되지 않네

　　어둠이 세상을 차지한 늦은 저녁
　　―「벚꽃 우산」 전문

　어느 비 오던 날, 아들애가 들고 온 비닐우산에 붙어있는 벚꽃잎을 보면서 문득 떠오른 시상이 그날 밤 잘 풀려 이렇게 다듬어 놓고 나는 참 묘한 기분에 젖었다. 평소에는 많이 끙끙거렸는데 그날따라 물 흐르듯 부드럽게 시 한 편을 써낸 보람으로 마음이 한껏 홀가분했다.
　자주 오지 않는 이 만족감은 오래 가지 않았다. 시의 묘미를 살리면서 삶의 복합성을 표현하려고 '만개한 눈부심이 만 개의 어지러움으로'라고 언어적 분화를 꾀하여 '만개한 나의 한때는 재생되지 않네'로 반전한 아이러니가 마음을 흔들었다. 내가 정신적 고난을 자초하고 스스로 감내해야 할 시인의 길로 들어선 이 사건 아닌 사건이 '만개한 나의 한때는 재생되지 않네'라는 자아 성찰로도 이어졌기 때문이다. 이것은 결국 지나간 일은 돌이킬 수 없는 불가역적인 시간의 속성에 연유하거나, 정작 내 생에서 만개한 날은 없었다는 의미와도 연관된다. 또 인간의 욕망 구조상 '활짝 핀' 만족감을 계속 누리기는 불가능한 탓일 수도 있다. 이런 온갖 상상으로 세상을 들여다보면 자연스레 우울감에 젖어 성취의 즐거움이 반감될 수밖에 없다.

그러나 그 우울감은 창조적이고 긍정적인 인자가 가득한 시적 감수성과 세계 인식에서 나오므로 슬픔의 감정만은 아니다. 시인은 현재와 현상을 넘어 더 나은 세계를 향한 꿈을 꾸는 존재이니까. 완성된 작품의 입구는 내일로 가는 통로라고 하잖는가. 그래서 좋은 시일수록 일상적 차원을 넘어서는 발상과 표현 형태가 많아진다. 이 엉뚱함으로 인해 일상적 경험에서 건져 올린 글감들이 시의 옷으로 갈아입고, 모호한 세계는 시인의 특정 인식과 의도에 따른 뚜렷한 모습으로 형상화되어 평소에 느끼지 못하던 흐릿한 진실을 구체적으로 엿보게도 한다. 이런 까닭에 시인의 고통은 스스로 즐기는 감성적, 예술적 고통으로써 현실에서 느끼는 심신의 아픔과는 질적으로 다르다.

시에 마음 두기

1990년대 중반에 접어들어 나에게 큰 고비가 닥쳤다. 큰애가 예술중학교에 입학한 뒤 한숨 돌리고 보니 마흔 고개가 눈앞에 떡 버티고 있는 게 아닌가. 조금 나이가 들 때쯤 또래 몇몇이 어울리면 가끔 우리는 막연히 마흔 살 넘어서까지 계속 살 수 있을까, 하는 어떤 알지 못할 불안감으로 함께 우울감에 젖은 적이 있다. 그동안 사느라 바빠 그런 한가한 생각에 잠길 겨를이 없었는데 벌써 마흔이라니! 마치 무슨 악몽이라도 꾼 것처럼 놀라며 일상에서 깨어나는 것 같았다. 이때 내 마음의 한 자락을 '정동진' 바다를 만난 느낌에 기대어 수필로 풀어낸 적이 있다.

  '그대가 곁에 있어도 나는 그대가 그립다.' 곁에 있어도 그리운 그 절절함을 나는 이제 이해한다. 아쉬운 헤어짐을 예감이라도 했던 것일까. 그날 정동진의 바다에 섰을 때부터 쉼 없이 말을 걸어오던 파도에 마음을 붙들린 채 채워지지 않는 그 무엇으로 조바심을 냈었다. 채워지지 않는 그 무엇으로 인한 조바심. 그것은 바다를 떠나면서 차츰 모양을 만들어 가더니 그리움이라는 형상을 갖추어 지금껏 내 속에 자리 잡고 있다.
  — 수필「정동진」, 권경애 수필집『아주 특별한 사이』,
    소소리, 2008

이 부분은 당시에 대중들의 인기를 끌었던 류시화 시인의 감성적인 시집 제목을 떠올리며 정동진 바다를 만난 뒤에 내 마음에 흐르는 그리움의 정서가 구체적으로 어떤 빛깔인지 그 어렴풋한 느낌을 표현한 것이다. '바다'를 통해 내 그리움의 현주소를 확인했다니, 아마 나는 그때 갑갑한 현실로 많이 지쳐 있었던가 보다. 육아를 위해 직장도 그만두고 집안일과 아이들 뒤치다꺼리에 여념이 없다가 여유가 생기고 긴장감이 풀려 발견한 내 모습에서 바다와는 아주 다른 점을 느꼈던 모양이다. 끊임없이 출렁이는 바다의 생동감을 그리움으로 받아들인 이때의 심정과 정서는 내 삶에 큰 변곡점이 되었다.

　한동안 점점 짙어지는 그리움을 어떻게 풀어야 할지 무척 뒤척였다. 서점을 드나들며 시집을 뒤적이다가 오래 가라앉아 있던 내 낭만적 정서가 꿈틀거리는 낌새를 느꼈다. 시를 읽을 때 엉뚱하다고 생각되던 표현을 한참 생각하다 보면 그럴 수도 있겠다는 반전과 함께 오히려 재밌는 표현이라고 수긍하기도 했다. 학창 시절에는 잘 경험하지 못한 새로운 느낌이 생생해지기 시작할 무렵 문득 내 삶에 어떤 출구를 발견한 듯 저 앞이 훤해지는 것 같았다. 내 안에 떠도는 막연한 먹구름들을 글로 풀어내면 답답한 마음을 어렴풋이라도 들여다볼 수 있지 않을까?

시에 대한 호기심이 차츰 커질 때 한 대학의 사회교육원에 문학창작 강좌가 개설되었다는 얘기를 들었다. 나는 친구와 함께 시 창작반에 등록하여 본격적으로 공부를 시작했다. 수강생들과 낯이 익고 시 공부에도 좀 재미가 붙을 때쯤 외환 위기IMF가 닥쳤다. 갑자기 사회교육원 강좌들이 대부분 실용성 중심으로 바뀌면서 문학창작반은 사라져 버렸다. 뜻밖의 상황에 낭패감이 컸으나 이미 결심한 시 창작에 대한 의지는 흔들리지 않았다.

시에 대한 기초적인 눈이라도 떴으니 혼자 끙끙거려 보았다. 그런데 수업 시간에 자작시를 낭독하고 서로 자기 느낌을 말해 주며 선생님의 조언을 듣던 시절이 그리워졌다. 마침 몇몇 관심 있는 사람끼리 모임을 만들어 함께 시 공부하면 어떻겠냐는 제의가 들어왔다. 한 달에 한 번 시를 써와서 낭송한 뒤 서로 의견을 나누면 어떻겠냐고. 그래, 일단 시 쓰는 버릇이라도 길러보자.

예술혼은 혼자 불태우며 외로이 자기 발전의 길을 걷는 경우가 많다고 들었다. 그래도 뜻 맞는 이들이 함께 시를 읽고 감상하고 평가하면서 시 보는 눈을 벼리는 일도 꽤 괜찮음을 느꼈다. 상당 기간 합평회를 하면서 스스로 치열하게 고민하고 창작하며 제 한계를 아는 일도 중요하지만 남의 조언도 큰 힘이 됨을 알게 되었다.

2년여의 습작기를 거치는 동안 우리는 모두 등단했다. 나도 2000년 월간 시 전문지『심상』11월호 신인상에 당선되어 시단의 말석에 이름을 올렸다. 처음에는 뜻을 이루었다는 보람만으로도 마음이 들떴으나 차츰 시간이 흐르자 마음먹은 대로 풀리지 않는 작품을 안고 끙끙거릴 때는 이른 등단을 후회하기도 했다. 습작 기간이 좀 짧지 않았나, 더 많은 작품을 찾아 읽고 쓰며 스스로 다듬는 과정을 더 길게 가진 뒤에 천천히 등단해도 좋았을 걸 하는 아쉬움을 느낀 때도 있었다.

비록 마음에 차지 않는 작품이 나올지라도 열심히 쓰다 보니 어느새 등단 6년이라는 경력에 이르렀다. 그만큼 작품도 쌓였다. 발표한 작품과 신작을 모으고 다듬어서 드디어 첫 시집을 냈다. '현대시 시인선' 45번째로『누군가 나를』(2006.4. 현대시)이라는 꿈에 그리던 그 시집을. 시인이라면 누구나 첫 시집에 대한 설렘과 기대가 크듯 나 또한 벅찬 감정을 억누르기 어려웠다.

그러나 그 시간은 잠깐이었다. 오래 투병하시던 어머니가 돌아가시고, 딸애는 외국 유학을 떠났으며, 아들애는 군에 입대한 시기와 맞물려 첫 시집을 갖게 된 기쁨을 온전히 누릴 겨를이 없었다. 세상이 텅 빈 것 같은 허전함으로 마음 둘 데를 찾지 못했다. 상실감에 우울감까지 겹쳐 몸과 마음을 가누기 어려웠다. 시의 끈도 떨어진 듯 시다운 시는커녕 단 한 줄도 쓰기 어려웠다.

한동안 집 안에 틀어박혀 겨우 밥상이나 차리며 먹먹한 시간을 흘려보냈다. 그러다 어느 날 문득 어떻게든 마음 추스르를 돌파구를 찾아야 한다는 위기의식을 느꼈다. 몸과 마음에 생기가 조금씩 돌아왔다. 시와 가까워지는 길을 찾아야 한다는 조바심이 점점 커졌다.

이리저리 궁리하던 끝에 한때 몇 차례 권유받았던 한 문학 모임이 떠올랐다. 매달 한 번씩 만나 정해진 공동 주제로 시를 써와서 낭송하고 의견도 주고받는 모임이다. 지금도 웬만한 행사에는 잘 안 나가도 여기에는 꼬박꼬박 출석한다. 아마도 이 모임 덕에 시인으로서의 큰 위기를 건넜기 때문인 듯하다. 억지로라도 한 달에 한 편은 꼭 시를 써야 하는 압박감도 있으나 이 약속을 지키려 노력하는 일은 어쩌면 시인의 소명을 다잡는 일일 수도 있다. 시를 쓰지 않으면 시인이 아닐 테니까. 10여 년의 세월을 함께하며 서로 시 쓰기를 격려하고 따뜻한 정까지 나누어 온 선배 동료 시인들이 새록새록 고맙다.

첫 시집에서 두 번째 시집까지

등단 25년에 겨우 세 번째 시집을 내려고 하다니 나는 분명 과작하는 시인 대열에 낄 것이다. 한때 '시인 공화국'이라는 말이 나돌 정도로 유난히 시인과 시집이 많이 쏟아져 나오는 우리 시단 분위기에서 강산이 바뀔 만큼의 긴 터울로 시집을 내니까 말이다. 과작하는 시인 중에는 제 작품에 대한 책임감으로 예술적 완벽성을 기하기 위해 지나친 자기 검열 과정을 겪는 경우가 많다고 들었는데, 나는 솔직히 게으름의 결과가 아닌지 자책감이 앞선다. 시의 끈을 완전히 놓지는 않고 떠듬떠듬 걸어온 것이 그나마 다행이라고나 할까. 시를 만난 게 운명인지, 무엇이든 시작하기는 어려워도 한번 붙잡으면 잘 놓지 못하는 타고난 성격 때문인지는 몰라도 시와의 인연을 끊을 수는 없었다.

그렇다면 이제까지 창작의 밑바탕이 된 내 시심의 핵은 무엇일까? 이번에 펴낼 시집을 포함한 세 권 전체를 되돌아보니 '자아 성찰'이라는 말이 잘 어울릴 듯하다. 굳이 차이를 두자면 첫 시집 『누군가 나를』에서 그 비중이 가장 높다. 습작기부터 등단 이후 초기 작품들은 대체로 '나'에 대한 명제가 창작의 실마리로 작용한 경우가 많기 때문일 듯하다.

나는 권경애 시인의 시세계를 관통하는 핵심 의미를 존재론적 갈등이라 지적한 바 있다. 이것은 그의 작품에 자아 성찰에 관한 유형들이 상당히 많은 점에서 단적으로 확인된다. 갈등 인식은 예민한 자아의식/감수성을 통한 세계와 자아 성찰이 전제되어야 하기 때문이다. 자아의식이 빈약하거나 감수성이 무딘 사람에게는 갈등도 거의 촉발하지 않음이 그것을 뒷받침한다.
— 이상호 시인의 해설 중에서

이 글에서 인용한 작품 가운데 한 편을 통해 해설과 내 시적 정서를 다시 풀어 본다.

> 펄펄
> 아침부터 눈발이 흩날린다
> 갑갑해요, 갑갑해
> 나는 그에게 편지를 쓴다
> 내 몸은 좁은 집에 갇혀 있고
> 내 마음은 더 좁은
> 내 몸에 갇혀 있다.
> 눈발처럼 흩날리고 싶어요
> 땅에 떨어져 이내
> 흔적 없이 사라진다 해도
> 한 번, 단 한 번만이라도

날아가고 싶어요 펄펄
종일토록 눈발은 흩날리는데
나는 그에게 긴긴 편지를 쓰고
갇힌 마음은 몸을 부수고
뛰쳐나오려는지
내 온몸이 아프다
—「싹」 전문

 이 시에 대한 구체적인 해설도 옮겨보면, "이 작품은 존재론적 갈등의 특성을 종합적으로 보여준다. 즉 육체적 눈으로는 눈발을 바라보면서 정신적 눈은 자기 내면을 응시하는 것, 그 결과로 집에 갇힌 몸과 또 그 몸에 갇혀 갑갑한 마음이라는 존재 인식, 그 갑갑함을 견딜 수 없어 어디론가 날아가고 싶은 비상 의지, 그리하여 새로 돋는 싹처럼 다시 출발하고 싶은 존재론적 재생에 대한 소망을 갖는 것 등 자아 성찰의 과정과 그 결과가 적나라하게 드러난다."라고 해설자는 간추렸다.

 식물이 추운 겨울을 견디다가 따뜻한 기운을 맡으면 싹을 틔워 새 삶을 시작하듯 인간도 다를 바 없다고 생각했다. 나는 겨울 눈발을 바라보면서 인간의 자유 본능을 떠올렸다. 살아가면서 끝없이 무엇엔가 얽매일 수밖에 없으니 거기서 벗어나려고 애쓰지 않을 수 없다. 이 점을 통해 봄날 새싹처럼 인간에게도 자연스레 고난이 극복될 가능성이 잠재한다는 긍정적 미래관을 표현하려고 했다.

두 번째 시집 『러브 버그』(2015. 11. 시로여는세상)에서는 유한하고 모순투성이인 존재의 심층을 들여다보는 동시에 주변과 사회로도 조금씩 눈을 돌려 그들의 곡진한 삶을 표현하고 싶었다. 첫 시집과는 빛깔을 달리하여 다른 개성을 갖도록 하는 창작 의지는 시인으로서 마땅히 가져야 할 의무인지라 부분적으로 주제의 확장과 제재의 변화를 꾀하려 노력했다. 이번에도 먼저 이 시집의 해설과 인용 작품 한 편을 참고하고 내 창작 의도의 일부를 되새겨 본다.

> 나는 현재 권경애의 시를 덧신을 신고 생의 덧없음을 건너는 서정의 세계로 요약한다. 첫 시집 『누군가 나를』이 시와의 연애였다면, 둘째 시집 『러브 버그』는 시와의 살림이다. 연애는 환타지고 살림은 리얼리티다. 권경애는 지금 시의 행간에 적극적으로 몸을 밀어 넣고 있다. 관념과 환타지를 걷어낸 자리를 리얼리티가 채울 때 시의 울림과 호소력은 증폭된다.
> ― 김선굉 시인의 해설 중에서

누군가

내 몸에 불을 댕기자 드디어

긴 행진이 시작된다

죽어서 빛으로 환생하는

어둠처럼

가벼이 날고 싶은

내 일생

흔들리며 흔들리며 흔들리며

내가 나를 먹어치우는

머나먼 여정

뼈와 살이 모두 사라져 버리는 날

나는 자유다

훨훨
―「촛불」전문

해설자는 "이 작품은 촛불에 기댄 시정신의 핵심이 소멸을 지향하고 있으며, 그 아스라한 소실점에서 '자유'로 꽃 피어나면서 완성되고 있다. 이 작품을 읽으면서 나는 이런 작품을 쓰고 나면 어떻게 될까 생각한다. 서정적 상상력은 방전되지 않을 수 없다. 그러므로 다음 작품을 위해서는 상당히 긴 충전의 시간이 필요하리라. 두 번째 시집이 십 년을 기다린 이유를 나는 이 지점에서 찾는다."라고 읽어내면서 나의 시집 출간 터울이 긴 까닭까지 짐작했다. 덕분에 게으른 탓이라고 고백한 내 부끄러움에 살짝 숨구멍을 터주어 고맙기도 하다.

또한 해설자는 "소멸의 미학과 함께 이 작품에서 주목하는 것은 촛불을 서슴없이 끌어안는 대담한 표현의 즉물성과 그것을 '내 일생'으로 치환하는 밀도 높은 서정성이다. 이 작품에서 보여주고 있는 권경애의 시정신은 자못 치열하다. 상당수 작품에서 시정신의 근육이 한 지점을 향해 에너지를 집중하고 있음을 볼 수 있다. 이를테면 촛불이 지향하고 있는 지점은 '자유'이며, 거기에 도달하면서 시를 완성하는 순간 모든 에너지가 소진되는 느낌을 받는다."라고 하면서 치열한 시정신에 초점을 맞추었다.

해설자의 글에서는 주로 자아의 상황을 의미화하려 한 점이 두드러진다. 일면 그렇지만, 그때 나의 표현 의도를 되돌아보면 자아 밖의 어떤 초월적 지점에까지 시적 정서를 확대하려 한 것으로 기억한다. '죽어서 빛으로 환생하는/ 어둠처럼'이라는 이 보편적인 촛불의 진실이 '가벼이 날고 싶은/ 내 일생'이라는 표현과 맞물려 우리 사회의 짙은 어둠 현상도 곧 환한 빛으로 바뀌는 의미가 형성되도록 하려고 했다. 이를 위한 시적 장치가 바로 도입부에서 '누군가/ 내 몸에 불을 댕기자 드디어/ 긴 행진이 시작된다'라고 표현한 부분이다. 어두운 사회에서 빛을 염원하는 집단 지성이 발동하여 함께하는 행진으로 확대되기를 바라되, '내가 나를 먹어 치우는' 행위, 즉 어떤 희생이 나로부터 시작되기를 바라는 선행 심리가 이 시의 바탕에 복합적으로 깔려 있다.

초기의 짙은 서정성과 낭만성이 사회적 시정신으로 확장되는 것은 시적 편력이 쌓이면서 이루어지는 자연스러운 현상일 수 있다. 주로 자아와 그 주변을 표현 대상으로 삼던 자세에서 그것을 넘어 먼 데까지 바라보는 넓은 시적 안목으로 바뀌는 부분은 세계의 다양성만큼 다채로운 시적 세계를 구축하려는 시인의 이상적 의지가 피어난 결과이다.

시의 깊이와 넓이 더하기

세 번째 시집을 엮으려고 원고를 정리하면서 나는 크게

네 개의 묶음으로 나누기로 했다. 묶음별로 나눌 기준을 생각해 보았으나 딱 떨어질 만한 주제나 형식을 찾기는 어려웠다. 그래도 엇비슷한 색깔을 찾아 자아 성찰, 어두운 사회 인식, 가까운 주변 돌아보기, 기타 등등으로 구분하였다. 특히 이전 시집에 비해 소외된 이의 아픔에 공감하거나 좀 더 강하게 사회적 병리 현상을 꼬집고 가까운 주변을 통해 세상을 바라보려 한 시편들이 더 많아졌음을 내세우고 싶었다. 이런 유형을 2·3부에 배치하고 1·4부는 상대적으로 자아에 대한 인식과 서정성이 짙은 작품들로 구성했다.

 이 글이 자작시 해설은 아니기에 여기서는 조촐하게 창작 소감을 중심으로 몇 마디 나누려 한다. 작품 숫자로는 60편으로 여러 시집들을 참고할 때 많지도 적지도 않은 편이고, 작품 형태는 조금만 상상력을 발휘하면 무난히 이해할 수 있을 정도의 작품으로 이루어지지 않았나 싶다. 그만큼 시를 위한 시를 만들려는 지나친 의도를 갖지 않아 난해한 부분은 드문 편이다. 물론 창작 과정에서 시적 상상력과 기교 같은 요소를 고려하기는 해도 필요 이상으로 시의 겉멋에 매달리지는 않았다. 다소 소박해 보일 수도 있지만 내 한계 안에서 나만의 빛깔과 맛을 낼 정도면 괜찮지 않겠느냐고 위안하면서 시를 썼다. 그래서 웬만하면 이해하는 데 큰 어려움은 없으나 굳이 감상하는 데 약간의 고민이 필요한 작품

하나를 예로 들어본다.

> 씨앗은 어둠이 싹을 틔우고
>
> 꽃은 설움이 피어난 것이라지
>
> 슬픔이 날갯짓해 꽃의 어깨에 닿을 때
>
> 눈물은 둥글게 말려 드디어 열매로 완성된다네.
>
> 상강 지나 동지 무렵
>
> 더 어두워지려고
>
> 북향하다
> ―「북향」 전문

 이 시는 기교보다는 긍정 의미를 부각하는 창작 의도가 앞선다. 총 7행을 행간마다 한 줄씩 비워 7연으로 구성해 여백을 줌으로써 시간과 시상의 흐름이 빨라지는 것을 늦추면서 봄부터 겨울까지의 계절 변화를 요약하는 의미를 부여했다. 전체 7연 가운데 전반부 네 연은 계절 감각을, 나머지 세 연은 자아로 돌아와 자연의 이치에 순응하는 자세를 형상화

했다. 전반부 연들을 차례대로 간추려 보면 어둠→싹(봄)·[설움→꽃, 슬픔→꽃](여름)·눈물→열매(가을)의 관계가 된다. 여기서 앞의 부정적 요인이 뒤의 긍정적 결실을 낳는 계기로 작용한 점에 대응하여 후반부에서 시적 자아도 정신적 겨울 상황을 이겨내기 위해 더 어두워지는 북쪽으로 향한다고 했다. 이 의지는 주로 햇볕 잘 드는 남향을 좋아하는 일상인들의 기호에 대비되므로 독자로서는 좀 의아할 수 있으나, 창작 의도로 보면 이것은 독자를 고민하게 만들고 시에 적극 끌어들이는 요인이 된다.

물론 앞서 밝혔듯 오래 고민해야 이해할 정도로 시의 구성 과정이 난해하지는 않다. 잠시 앞으로 되돌아가 다시 살펴보는 여유만 갖는다면 그 내적 의미를 감지할 수 있다. 이 시의 모티프는 꽃이 진 다음에 맺히는 열매에서 비롯되었는데, 꽃이 지는 슬픔을 겪어야 열매를 맺고, 이 열매가 씨앗으로 바뀌어 싹이 터서 다시 꽃피고 열매를 맺기까지는 상당한 시간이 걸린다. 또 그 과정 과정에서는 어둠과 설움과 슬픔과 눈물이라는 비극성을 견디고 이겨내야 바람직한 이상향에 이른다는 것이다. 즉 비극과 희극이 서로 교차하거나 순환하는 자연의 이치에 빗대어 삶의 의미를 돌아보게 하였다.

궁극적으로는 자연의 일원인 인간의 삶이나 살림살이도

꽃과 열매의 순환과정에서 그다지 멀지 않다는 의미를 시적으로 표현하려고 조금 생각하고 상상할 여백을 주었다. 이렇게 나는 되도록 일상성을 살짝 비틀어 시의 맛을 내는 동시에 우주의 순환 원리에 순응하는 자세에 나름의 가치를 부여하였다. 이 정도면 아주 쉽지도 않고 그렇다고 난해하지도 않은 보통 매운맛의 시라고 해도 되지 않을까.

> 저물녘 도심 한복판
> 앉은뱅이 악사가 하모니카를 분다.
>
> 허공을 울리는 하모니카 소리
> 짤랑짤랑 안 들리는 동전 소리
>
> 밤 들도록 덩그러니 빈
> 모자에 어둠이 스미자
>
> 총총 눈뜨는
> 별들
> ―「하모니」 전문

이 시는 앞 시에 비해 쉽게 읽힐 수 있다. 약간의 기교는 있어도 건너가기 어려울 정도로 비약되지 않았다. 그리고 깊은 생각도 그리 요구하지 않는다. 일상생활에서 누구나 느끼는 그런 세태에 관한 시적 표현이니까. 오늘날 우리가 가장 시급히 극복해야 할 사회 문제는 비정하고 냉정한 세태이다. 서로 어우러지기보다는 개인주의를 넘어 이기주의가 판을 친다는 느낌을 떨쳐 버리기 어렵다. 온갖 사건 사고가 꼬리에 꼬리를 물고 일어나는 슬픈 소식으로 가득한 우리 사회는 생각만 해도 너무 끔찍하지 않은가.

이런 비판적 인식을 수묵화처럼 옅고 은은하게 그리려 했다. 냉정을 넘어 비정한 세태를 아이러니로 강조하려고 현실 상황과는 대비되는 제목을 붙였다. 비정함으로 말미암아 벌어지는 인간 사이의 틈을 어둠이 메우고 지워준다는 표현 형태는 인간과 자연의 거리를 나타내는 동시에 비틀린 세태를 비판하기 위한 것이다. 허공을 울리는 하모니카 소리(예술, 이상적)/안 들리는 동전 소리(현실, 비극적)의 대비, 하모니카와 하모니 같은 언어적 유사성은 시적 효과를 내기 위한 작은 장치이자 유희임을 알아챘다면 읽는 재미를 더 느낄 수도 있다.

이 밖에 서정성에 강한 주제 의식을 결합하여 비교적 짙은 사회성을 투영한 작품으로는, 장애인과 장애물 경기를 통한 투지와 극복의 의미를 표현한「하트하트 오케스트라」, 비정규직의 하나인 무기 계약직의 애환을 그린「모자 따로 극장 ― 극과 극」, 굴뚝 위에서 농성하는 노동자를 제재로

한 「메리 크리스마스」, 전철 구의역에서 사고당한 청년 수리공의 비애를 애도한 「장미는 무엇으로 만들어지나」 등등이 있다.

비록 나로부터 먼 사회 공간에서 일어나는 아픔과 슬픔이라 하더라도 더불어 살아야 할 사회적 인간으로서 외면하기 어려운데, 하물며 아주 가까운 이들에 대한 애틋함이야 더 말할 필요가 있을까. 더욱이 그 대상이 '엄마'라면…

> 간고등어로 이름난
> 안동 반가에서 태어나
>
> 어쩌다 한량 짝을 만난
> 우리 엄마
>
> 한평생 절고 절던
> 소금기 풀어내고
>
> 이젠 맘껏 헤엄치며
> 푸른 고등어로 살겠지
>
> 넘실넘실 춤추는
> 동해의 파도 타고
> ―「고등어」 전문

어머니, 엄마! 말만 들어도 눈물 글썽이도록 아련한 존재. 시간을 거슬러 오를수록 희생과 인내의 삶을 산 대표적인 존재로 인식되는 우리네 어머니들, 우리 엄마도 다르지 않아 이젠 돌아가신 지 오래인데도 늘 가슴 한편에 머물러 있다. 그래서 엄마는 종종 나의 시심에 들어와서 가난한 상상력에 생기를 불어넣거나 갑갑한 일상을 건디게 하는 버팀목 역할을 한다.

　고등어가 소금에 절여지면 비린내가 줄어든 간고등어로 새 맛을 내지만 사람은 세속에 절여질수록 아픔과 슬픔이라는 비린내에 시달린다. 온갖 굴레에 갇혀 살았던 한 많은 우리 엄마, 영혼이라도 생전에 누리지 못한 자유를 한없이 누리소서! 간절히 빌어드린다. 엄마를 통해 나는 종종 세상의 어둠을 바라보며 시적 형상화를 꾀하기도 한다.

　그런데 주제를 너무 강조하다 보면 자칫 행갈이 한 산문으로 떨어질 위험이 있어 무척 조심스럽다. 이 때문에 시를 형성하는 요소들을 어떻게 잘 버무리고 숙성해서 시의 맛을 깊게 만드느냐가 관건인데, 사실 그게 생각처럼 간단치는 않다. 그래서 시인이라면 내 작품은 물론이고 남의 것도 많이 읽고 쓰는 일을 게을리하지 않아야 하는데 이것도 말처럼 쉽지는 않다. 이래저래 시인됨을 지키기란 등단보다 더 어려울 수밖에 없다.

이제 또 언제 시집을 낼지 알 수 없지만 추세로 보면 아마 다음 시집에서는 이웃과 사회를 돌아보는 시편들이 더 늘어나지 않을까 싶다. 아니면, 거꾸로 내 안으로 더욱 깊숙이 파고들어 아직도 막연한 속내를 골똘히 들여다보느라 한없이 헤맬지도 모르겠다. 삶을 되돌아보고 정리해야 할 때가 점점 더 빠른 속도로 다가오고 있으니까.

시인의 꿈

나는 사실 시인은 시로 표현하면 그뿐, 시에 대해 이러쿵저러쿵 말이나 글로 설명하는 일을 마땅찮게 여겼다. 내 품을 떠난 시는 이미 독자 것이고 해석도 독자가 자유롭게 느껴야 할 몫이니 공연한 사족이 될 수 있다고 생각했다. 마찬가지로 시인으로서 지나온 길에 대해 이런저런 사설을 늘어놓는 일도 부질없다고 여겨왔다. 특별히 내세울 것도 없는데 창작 의도나 후일담 같은 내용이 독자에게 무슨 흥미를 끌까, 괜히 종이만 낭비하는 건 아닌지 걱정하는 편이었다.

그런데도 굳이 이 글을 덧붙이는 까닭은 인정상 찬사로 포장되기 쉬운 주례사 같은 해설 대신에 좀 거칠더라도 내 생각과 이야기를 직접 풀어 보여주면 독자에게 색다른 느낌을 주지 않을까 하는 뜻에서다. 감히 88서울올림픽 때 이어

령 선생이 기획한 굴렁쇠 소년을 떠올리며. 그 넓은 올림픽 경기장의 수많은 관중 앞에서 앳된 소년이 굴렁쇠를 굴리며 당당하게 나타나는 낯익은 장면은 너무나 순수하고 새삼스러워서 우리에게 오히려 큰 감동으로 다가오지 않았던가.

  시인도 많고 시집은 더 많다. 그래도 내 시와 시집을 누군가 읽으리라는 상상은 언제나 기쁨을 준다. 단 한 편이라도 그에게 이성적으로든 감성적으로든, 성찰이든 반성이든, 또는 위로든 감동이든 웃음이든 뭐라도 건네면 좋겠다. 그런 기대에 슬며시 미소 지으며 오늘도 내 시의 진정한 성채를 짓기 위해 외로움과 그리움과 꿈 사이로 난 오솔길을 걷는다. 터벅터벅⋯

현대시학시인선 152

그곳에는 달그락이 산다

초판 1쇄 발행	2025년 3월 1일
지은이	권경애
발행인	전기화
책임편집	이주희
발행처	현대시학사
등록일	1969년 1월 21일
등록번호	종로 라 00079호
주소	서울시 종로구 계동길 41
전화	02.701.2341
블로그	http://blog.daum.net/hdsh69
이메일	hdsh69@hanmail.net
배포처	(주)명문사 02.319.8663
ISBN	979-11-93615-28-7 03810

○ 책값은 뒤표지에 있습니다.
○ 이 책의 판권은 지은이와 현대시학사에 있습니다.
  이 책 내용의 전부 또는 일부를 재사용하려면 반드시 양측의 서면 동의를 받아야 합니다.
○ 잘못 만들어진 책은 구입하신 서점에서 교환해드립니다.